ElefantenBlues

ElefantenBlues

Es gibt gute Gründe,
das Älterwerden zu genießen

Bob Elsdale

Aus dem Englischen von Marlene Weber

KNESEBECK

Nicht einmal alt werden ist das, was es einmal war. Das Wort hat heute eine andere Bedeutung, denn die Alten haben sich neu erfunden.

Sie glauben es nicht?

Nehmen Sie die Rolling Stones (ja, es gibt sie immer noch). Seit Jahrzehnten rocken sie auf der Bühne vor ihren Fans und schreien »I can't get no satisfaction«. Und alle finden es toll! Wenn Musiker die sechzig überschritten haben und es nach wie vor fertig bringen, mehr als eine Million Menschen an den Strand der Copacabana zu locken, dann muss sich etwas Bemerkenswertes in der Welt getan haben.

Vor nicht allzu langer Zeit hätte man von einem über Fünfzigjährigen zu hören bekommen, dass er *satisfaction* gar nicht mehr kenne. Jawohl, noch vor kurzem senkte sich die Abendsonne sehr früh am Horizont eines Menschenlebens. Im Frühherbst des Lebens war alles, was auch nur im Entferntesten nach Spaß roch, unerreichbar. War man alt, so beobachtete man vom Sofa aus im Fernsehen, wie das Leben an einem vorbeizog. Jeder Tag ein Sonntag – alt sein war einfach nicht besonders *cool*.

War das schlimm? Es war sogar noch schlimmer. Hätte ein Mittsechziger es auch nur gewagt, seine Hüften auf anzügliche Weise in Mick-Jagger-Manier vor Zehntausenden zu schwingen, wäre er früher nur unangenehm aufgefallen. Nicht, dass alte Menschen nicht rocken *durften*, sie *taten* es schlicht nicht. Wer alt war, war alt. Und alt war man schon sehr früh.

Nicht nur Jagger und Viagra haben uns gezeigt, dass diese Zeiten nun – Gott sei Dank – vorbei sind. Seit kurzem gibt es nämlich eine ganze Reihe von jungen Alten. Und wie es scheint, haben sie sich selbst erfunden. Sie sind gleichzeitig jung und alt, einfach *jalt*.

Wenn Sie noch nicht einer dieser *Jalten* sind, helfen Ihnen die Elefanten mit ihrem Blues auf die Sprünge. Und denken Sie daran, ohne Botox kann man besser lachen. Der Volksmund wusste schon lange vor den Wissenschaftlern, dass Lachen die beste Medizin ist.

Sollten Sie an Ihrem sechzigsten Geburtstag lieber feiern als Trübsal blasen, dann ist dieses kleine Buch genau das Richtige für Sie. Amüsieren Sie sich über die Ratschläge und nehmen Sie die kleinen Tücken des Alltags mit Humor.

Auf die **grauen** Zellen kommt es an.

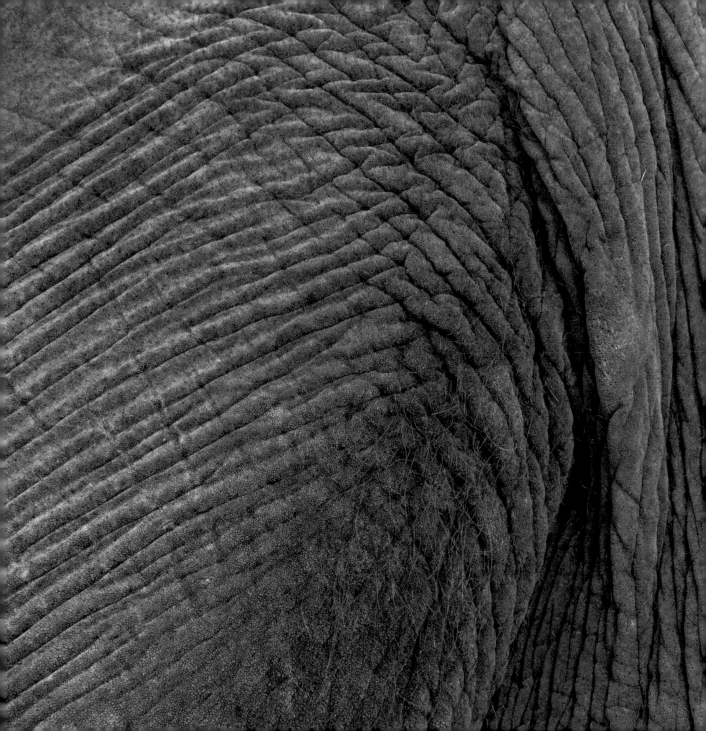

Bis jetzt
sind Sie **immer noch**
am Ball ...

... und
das ist ein Grund
zum Feiern.

Sie suchen neue Horizonte ...

... oder warten Sie in **Ruhe,** was das Leben noch Schönes bringt.

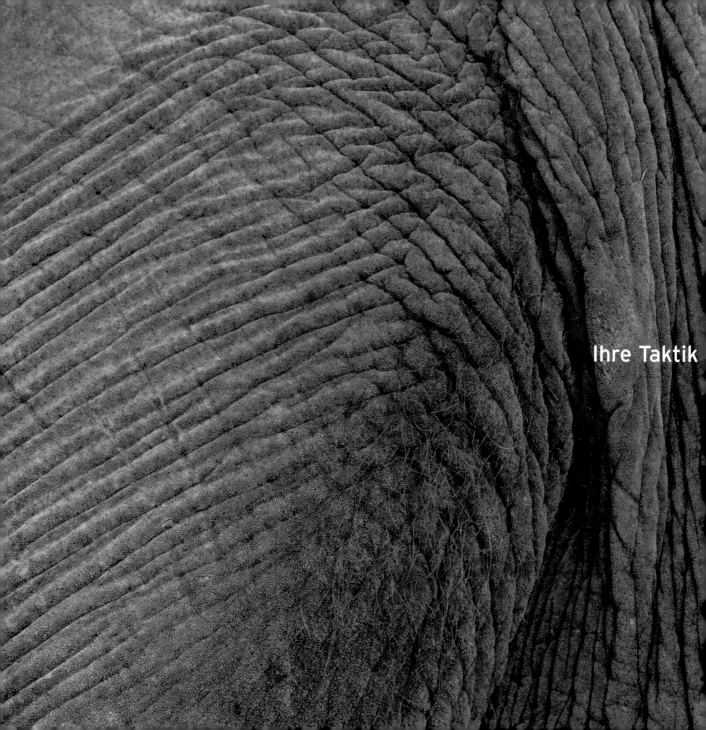

funktioniert noch ...

... und Sie können immer noch **kluge** Schachzüge machen.

Es braucht nicht viel, um die Jungen zu **beeindrucken.**

Niemand wird mehr argwöhnisch, wenn Sie Ihrem **Spieltrieb** nachgehen.

Es gibt viele
schöne **Pfade der Erinnerung,**
auf denen Sie herumbummeln
können.

... na ja, **kleine Pannen**
gibt es schon mal ...

... aber eine Ruine sind Sie noch **lange nicht!**

... das zu machen, wovon Sie immer schon **geträumt** haben.

Also nehmen Sie

sich ein

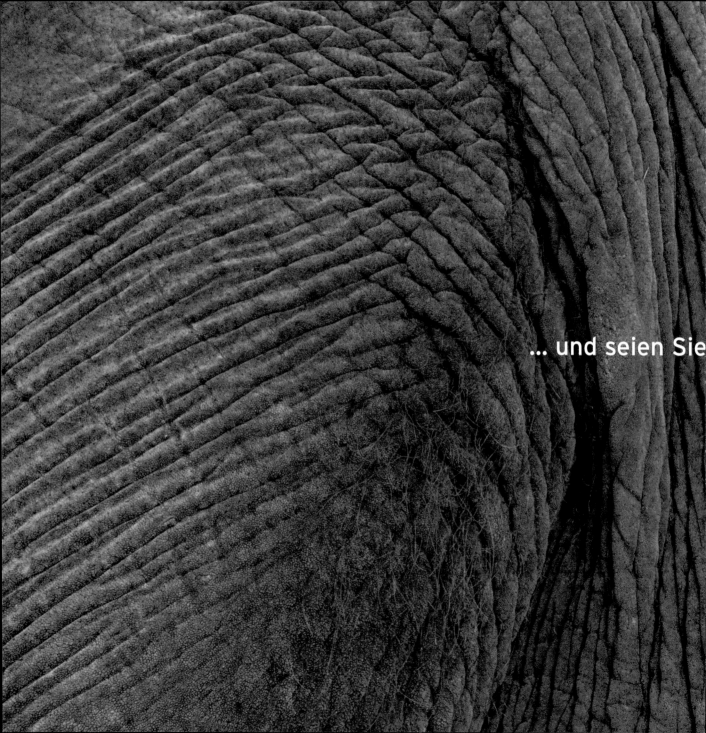
... und seien Sie

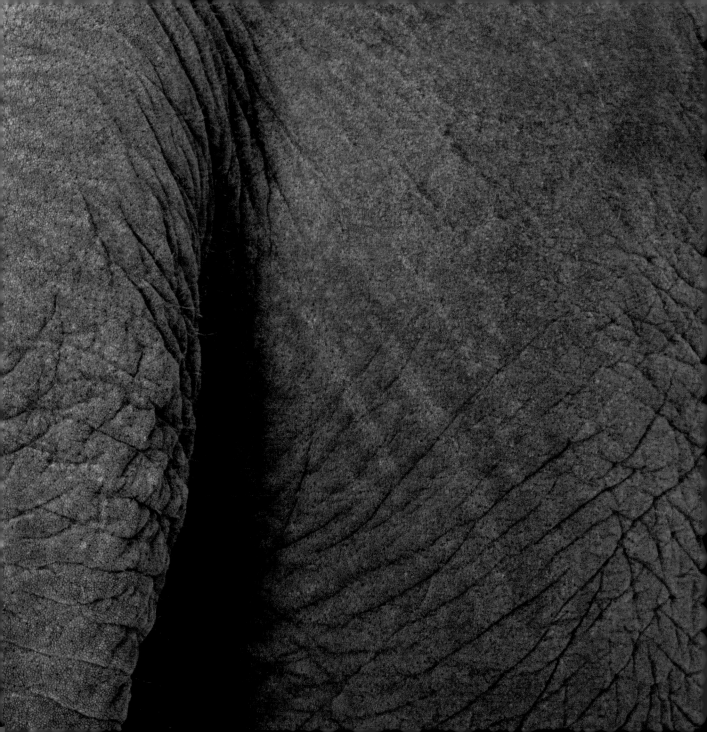

Das erste Mal habe ich einen Elefanten bei Werbeaufnahmen für eine Autofirma fotografiert. Die Agentur hatte sich vorgestellt, dass ein Elefant von einer fliegenden Untertasse „hochgebeamt" werden sollte – was Werbeagenturen sich eben so ausdenken. Der Artdirector wusste, wie gerne ich Überraschendes biete. Also schlug er vor, dass ich die Aufnahmen machen solle. Die Arbeit brachte mich auf die Idee, dass man noch viel mehr mit Elefanten improvisieren könnte.

Es ist mir gelungen, die Elefanten für dieses Buch in außergewöhnlichen Posen abzulichten, und dafür bin ich beiden Trainern, die unzählige Stunden mit den Tieren gearbeitet haben, zu enormem Dank verpflichtet.* Man kann auf den ersten Blick erkennen, dass die Elefanten ihre Trainer lieben und ihnen das ganze Unterfangen Spaß gemacht hat; sie geben alles für ihre Betreuer – und das mit Freude.

Meine Assistentin Vasilisa und ich hatten im Vorfeld dieses Projektes eine lange Liste mit Situationen erarbeitet, in denen wir die Elefanten gerne aufnehmen wollten – die Trainer waren eine große Hilfe, indem sie viele unserer Fragen vor Beginn der Aufnahmen beantworteten. Doch die Körpersprache der Elefanten während der Shootings ließ uns häufig von unserem ursprünglichen Plan abweichen und etwas Neues ausprobieren. Über acht Monate hinweg haben wir immer wieder Aufnahmen gemacht.

Die wunderbaren Strandszenen wurden in Saunton Sands in Großbritannien aufgenommen. Wenn man an solch einem Ort fotografiert, ist es eine echte Geduldsprobe, das richtige Licht abzupassen. Ich habe den Überblick verloren, wie oft wir nach Saunton Sands gefahren sind …

Elefanten sind solch wunderbare, ausdrucksstarke, freundliche und intelligente Wesen, viel intelligenter, als wir uns das vorstellen können. Dies ist der Grund, weshalb ich ihnen in meinen Bildern menschliche Züge verleihe. Es ist für mich eine Ehre, mit bestimmten Tieren arbeiten zu dürfen, und die Elefanten gehören ganz sicher dazu.

Bob Elsdale

* Keiner der Elefanten kam beim Entstehen dieses Buches zu Schaden.

Danksagung

Ich möchte allen Menschen und Elefanten danken, die dieses Buch ermöglicht haben:

Vasilisa, meiner Assistentin, für ihre Weitsicht und ihren Blick fürs Detail, für ihr kindliches Gemüt, das meinem manchmal sehr nahe kommt, und für ihre Hingabe an die Arbeit;

Gary, Kari, Joanne und allen Elefanten bei *Have Trunk Will Travel, Inc.* für ihre Unterstützung und ihren Enthusiasmus;

Chris Elsdale für ihre überragenden organisatorischen Fähigkeiten;

Sam Kweskin und Curtis McElhinneey, den beiden besten Foto-Assistenten von Los Angeles.

Hochqualifizierte Trainer überwachten das Wohlbefinden der Tiere während der Shootings. Die Besitzer der Elefanten, Gary und Kari Johnson, engagieren sich Seite an Seite mit der *International Elephant Foundation* für die Rettung und den Schutz von Elefanten auf der ganzen Welt.

Bibliografische Information Der Deutschen Bibliothek
Die Deutsche Bibliothek verzeichnet diese Publikation in der Deutschen Nationalbibliografie; detaillierte bibliografische Daten sind im Internet über http://dnb.ddb.de abrufbar.

Titel der Originalausgabe: *Grey Matter – Why it's good to be old!*
Erschienen bei PQ Blackwell Limited, 116 Symonds Street, Auckland, Neuseeland, 2006
Gestaltung: Cameron Gibbs und Carolyn Lewis
Copyright © 2006 Bob Elsdale

Deutsche Erstausgabe
Copyright © 2006 von dem knesebeck GmbH & Co. Verlags KG, München
Ein Unternehmen der La Martinière Groupe

Typografische Gestaltung und Satz: Werkstatt München, Weiss/Zembsch
Druck: Midas Printing International Ltd
Printed in China

ISBN-13: 978-3-89660-389-0
ISBN-10: 3-89660-389-2

Alle Rechte, insbesondere das Recht der Vervielfältigung und Verbreitung, vorbehalten. Kein Teil des Werkes darf in irgendeiner Form (durch Fotokopie, Mikrofilm oder ein anderes Verfahren) ohne schriftliche Genehmigung des Verlags reproduziert oder unter Verwendung elektronischer Systeme verarbeitet, vervielfältigt oder verbreitet werden.

www.knesebeck-verlag.de